R. 3210
8 G.

# LE FANATISME

## DES

## PHILOSOPHES.

A LONDRES,

& se vend à Abbeville,

Chez DE VÉRITÉ, Libraire, rue S. Gilles, près la Place S. Georges.
1764.

# A MONSIEUR DOUVILLE,

Conseiller au Présidial,

## ANCIEN MAYEUR,

ET COMMANDANT POUR LE ROI

A ABBEVILLE.

Monsieur,

Souffrez que je vous adresse cet Ouvrage. J'ose y examiner quels sont les motifs des Philosophes, & de quelle utilité la Philosophie peut être au monde. Ce sujet est riche : il demandoit une autre plume que la mienne : quand vous m'avez engagé à le traiter, vous avez sans doute compté bien moins sur mes talens, que sur mon amour pour le vrai.

Ce discours vous appartient presque autant qu'à moi. Il n'auroit été ni exécuté ni même entrepris sans vos instances. Plus jaloux d'être estimé de vous, que d'être connu du Public, je n'avois aucun empressement pour m'offrir à

A

lui. Aujourd'hui même que j'ai cette foiblesse, ne levons que la moitié du rideau qui me couvre. Que l'Ouvrage paroisse, mais que l'Auteur reste dans l'ombre. Ne retirez pas mon Nom de l'obscurité dont il n'auroit jamais dû sortir. Ce qui me reste à couler d'une vie empoisonnée de bonne heure par les plus cruels chagrins, je le consacre à l'amitié, dont vous m'avez fait goûter les douceurs, à la retraite, & surtout à l'étude des vrais devoirs de l'homme, trop longtems effacés dans mon cœur par des études frivoles, ou par des occupations & des espérances encore plus frivoles.

Trop heureux si j'avois toujours pû penser ainsi, si j'avois toujours été insensible aux chiméres de l'ambition, à l'amour des plaisirs, à la fumée de la gloire ! les folies de ma jeunesse ne me prépareroient point pour un âge plus avancé des regrets cruels & de longs repentirs.

Je suis avec respect,

MONSIEUR,

Votre très-humble
& très-obéissant
Serviteur......

*A Abbeville ce 3 Avril 1764.*

# LE FANATISME
## DES PHILOSOPHES.

SANS doute le Fanatisme est un abus dangereux. C'est un très-grand mal produit par un très-grand bien : c'est l'amour de la religion poussé trop loin. La piété bien entendue la soutient : le fanatisme la dégrade. Il est beau, il est utile de travailler à munir les hommes contre ses ravages : mais pour le combattre il faudroit au moins en être exempt.

C'est de quoi les Philosophes se flattent. A les en croire, ce fléau sans eux est toujours prêt d'inonder la terre. Ils font tout leur possible pour en rassurer les Habitans. Venez à nous, disent-ils, nous vous enseignerons les loix de la douce humanité. Nous vous remettrons dans tous les droits de la raison.

Nos préceptes émousseront les poignards de ces Théologiens aigres & cruels qui vous perdent. Vous recevrez de nous le grand art de vivre paisibles & heureux.

Ils vont donc rendre le calme à l'univers: ils vont être les bienfaicteurs du monde. Pareils à ces Fées protectrices des anciens Preux, avec des mots magiques ils fermeront les plaies de l'humanité. Leurs Livres seront des talismans contre les troubles affreux qu'enfante le fanatisme. Quand la Philosophie aura développé ses aîles sur ce globe désolé, quand elle l'aura pénétré de ses heureuses influences, on y verra renaître l'âge d'or, & les hommes dans l'extase d'un bonheur solidement affermi, iront baiser les mains des Sages à qui ils le devront.

Rien n'égale la beauté de ce tableau. La religion épurée de tout ce qu'y mêlent les foiblesses & les passions des hommes, en pourroit à peine composer un aussi séduisant. Mais plus il fait naître d'idées agréables, plus il seroit douloureux d'apprendre un jour qu'il nous auroit trompés. Plus il nous inspire d'estime pour ceux dont nous y voyons les portraits, plus nous regretterions d'être obligés de les hair comme des imposteurs dangereux.

Faisons donc quelques efforts pour nous

épargner ce chagrin. Assurons-nous bien de la science des Medécins avant que de suivre leurs conseils. Nous sommes malades : des taies défigurent nos yeux & les obscurcissent. On nous offre des recettes pour les enlever. Examinons si elles ne sont pas présentées par des aveugles. Craignons qu'en faisant disparoître une légere incommodité, elles ne nous donnent une maladie incurable. De quel droit ces nouveaux Apôtres viendroient-ils nous entretenir de leurs maximes, si elles étoient plus funestes que le mal dont elles semblent être le reméde ?

On a restreint le nom odieux de fanatisme, aux excès commis par le zele de la religion : il est évident qu'on s'est trompé. Il convient à toutes les passions qui remplissent & subjuguent le cœur humain. On auroit pû, & peut-être dû, voir des fanatiques dans tous les hommes vivement agités d'un désir quel qu'il soit. Un avare est fanatique de son argent, comme un enthousiaste l'est de son culte : un ambitieux l'est de sa grandeur, un voluptueux de ses plaisirs, un Poëte de ses vers, un amant de sa maîtresse. De tant d'hommes qui s'accusent à cet égard de pusillanimité & de prévention, il n'y en a pas un peut-être qui d'un autre côté n'essuye & ne mérite les mêmes reproches.

C'est d'après ce principe qu'il faut examiner ce que c'est que la Philosophie. Partout pays je vois que les Sages, les gens qui ont fait du bruit dans le monde par leurs réflexions ou par leurs préceptes, sont des hommes qui ayant sçu se faire un sort heureux & se dispenser de toutes les Charges de la Société, discourent avec élégance sur la maniere dont les autres doivent les supporter.

Imaginons un de ces travaux publics, appellés corvées : deux cens malheureux Paysans applanissent ou relevent un terrein avec effort. Un Ingénieur magnifiquement paré vient presser l'ouvrage. Quelques-uns de ces Paysans l'approchent chapeau bas & d'un air humble. Ils lui font des complimens ; ils l'amusent. Pendant ce tems ils quittent la beche, & font remarquer des défauts dans la façon dont les autres la tiennent.

Voilà les Peuples, les gens en place, & les Philosophes. Les premiers travaillent : les seconds jouissent : les troisiémes ont la manie de parler sur les travaux des uns, & d'en partager avec les autres la jouissance tranquille. Si cette manie babillarde est au-dessus des remédes, si elle se roidit contre les obstacles, si elle surmonte les défenses, s'il est aussi essentiel à un Philosophe de discourir, qu'à un Théologien d'argumenter, quand on accuse celui-ci de fanatisme, il me semble qu'il est difficile d'en justifier l'autre.

Or je le demande, quel est le Philosophe qu'on a jamais guéri de la fureur de publier ses opinions ? Quel est celui qui a sçu préférer une obscurité silentieuse à une réputation bruyante ? Où en trouver un dont le premier vœu ne soit pas d'être regardé comme un homme extraordinaire, en supposant que le second soit de passer pour un homme judicieux ? Tous décorent leurs productions de ces mots sonores de bien de la Patrie, d'utilité publique, d'amour pour l'humanité : mais c'est pour leur propre avantage qu'ils parlent de celui de la Patrie : c'est pour leurs intérêts qu'ils défendent celui du Public : c'est pour se faire considérer qu'ils recommandent avec emphase d'aimer l'humanité.

La Philosophie est fondée sur la plus incurable de toutes les maladies de l'esprit humain, sur un amour propre orgueilleux. C'est lui qui fit les premiers Sages. Il leur apprit à entourer leurs découvertes de difficultés, afin de les faire paroître plus respectables, d'en rendre les hommes plus avides. Il grava les Hiérogliphes sur les obélisques de l'Egypte. Il inspira aux Gymnosophistes le goût des allégories, adopté depuis par Pythagore, & faussement attribué par les modernes à la crainte que répand le despotisme.

Si l'envie d'instruire les hommes, de les rendre plus vertueux, étoit le seul motif des Philosophes, auroient-ils imaginé ces voiles plus propres à donner à l'erreur l'apparence de la vérité, qu'à faire briller celle-ci sans imposture ? Si l'ardeur fanatique de la réputation ne les transportoit, entendroit-on leur voix surpasser en tout pays celle du Magistrat qui les proscrit ? Verroit-on la Philosophie profiter de toutes les issues pour se glisser dans un Etat, y transpirer à travers les digues les plus épaisses, comme ces eaux incommodes qui menacent à chaque instant de submerger un pays dont on les a chassées ? Les Législateurs les plus éclairés, se seroient-ils crûs obligés de prendre contre elle les plus fortes précautions ? Auroient-ils craint de n'en pouvoir jamais trouver que d'inutiles ?

Des symptomes bien marqués du fanatisme sont l'audace qu'il inspire, & la crédulité qu'il recommande. Il ne faut pas aller bien loin pour juger si ces deux caractéres conviennent à la Philosophie. Ouvrez seulement tous les Livres où elle a prodigué l'enluminure dont elle seule a le secret ; voyez quelle tournure y prennent toutes les pensées. Examinez de quel air sont présentés les systêmes les moins probables, ou les maximes les plus dangereuses. Mais en les examinant, gardez-vous de les combattre. Leurs Auteurs ont des yeux de lynx pour les productions étrangéres. Ils deviennent aveugles pour celles dont ils ont étayé leur gloire. Dès que la critique ose y toucher, leur cœur s'ouvre à la colere; leur plume se remplit de fiel; ils prodiguent à grands flots l'amertume & le ridicule. Voyez avec quel orgueil ils se défendent, avec quelle fureur ils attaquent. Ne soyez pas dupe de la prétendue liberté qu'ils reclament si hautement. Ils veulent bien qu'on leur donne celle de produire leurs pensées : mais ils s'indignent dès qu'on s'attribue le droit de les juger, ou même d'en douter. Le plus crédule des enthousiastes a moins de respect pour les rêveries de ses Docteurs, que n'en exige pour ses chimères le plus extravagant des Philosophes.

Ceux-ci au reste n'ont point un fanatisme indiscret. Dans leur délire ils ressemblent à ces fous qui insultent les Etrangers, & ménagent le Gardien qui leur porte à manger tous les jours, & les fouette quelquefois. Ils caressent les Princes. Ils tachent d'apprivoiser les Puissances. Ils leur dédient des Livres. Ils louent leurs vertus, leur goût pour les

Arts, & surtout leur libéralité. Car c'est en vain qu'ils s'applaudissent de leur désintéressement, qu'ils cessent de vanter la solitude dont ils semblent si jaloux, & cet éloignement pour les grandeurs qu'ils affectent quelquefois avec tant d'étalage.

Il y a peu de mérite à avoir des vertus dont on leur fait une nécessité. Les gens en place sont presque toujours en garde contre des talens qu'ils redoutent. Instruits par l'exemple de leurs prédécesseurs, combien les Philosophes ont de penchant à mordre tout ce qui les irrite, ou jaloux d'un éclat qui pourroit les éclipser, ou convaincus de la futilité des Sciences, ils repoussent loin d'eux les esprits frivoles qui les cultivent. L'orgueil philosophique écarté des emplois qu'il ambitionne en secret, se ménage la consolation de paroître les mépriser. Ceux qu'il anime ont soin d'insinuer du fonds de leur retraite combien un Gouvernement éclairé doit d'égards & de protection aux Sçavans. Ne pouvant le dire aux Princes, ils le disent au public dans les Livres. En attendant que ces maximes ayent produit quelque effet, ils affectent un grand désintéressement pour leur donner plus de poids. Ils annnoncent une parfaite indifférence pour les honneurs & l'esclavage de la Cour. Mais si la barriere qui leur en défendoit l'entrée vient à se lever, ils s'y précipitent avec ardeur.

Sous Constantin & son Fils, Princes absolus & sanguinaires, trop occupés des affaires de la Religion, pour estimer les Philosophes qui la combattoient, ceux-ci se firent une gloire de rester dans leurs cabinets. Ils y enselevissoient avec regret une Science que le Gouvernement dédaignoit. Mais quand un nouveau Maître eut amené d'autres maximes, quand Julien eut remis pour quelque tems la Philosophie sur le Trône, qu'il eut destiné les emplois & les gratifications à devenir la récompense des Sages, on les vit accourir de toutes parts aux lieux où tomboit cette manne précieuse. Ils se pressoient en foule autour du Prince. Parmi les casques & les cuirasses des Gardes, on distinguoit le petit manteau des Stoïciens, & la barbe pointue des Cyniques. Les cabinets furent bientôt déserts. Chacun se hâtoit d'apporter à la Cour des instructions chérement payées, & ces mains bornées auparavant à manier le stilet & le compas, ne s'ouvrirent plus que pour recevoir des présens, ou pour en solliciter.

Après avoir suivi les Philosophes dans leurs haines & dans leurs flatteries, que seroit-ce si j'examinois les soins qu'ils se donnent pour faire des Profélytes, fi je développois les ftratagêmes qu'ils employent pour fe les attacher, l'art dont ils fe fervent pour les retenir ? L'enthoufiafte dogmatique étant fondé fur la perfuafion, doit être plus ardent. Celui des prétendus Sectateurs de la fageffe l'étant fur l'orgueil, doit être plus opiniâtre. L'un s'arme de vifions, de prodiges effrayans, l'autre de maximes féduifantes, & de préceptes flatteurs. L'un s'exprime avec plus de force que d'agrément : il tonne, il foudroye : il fe dit defcendu du Ciel, & exige à ce titre une obéiffance fans réferve. L'autre s'approprie tous les charmes de l'éloquence : il s'infinue dans les cœurs : il y réveille les paffions qui ne peuvent que le bien fervir : il promet à tous ceux qui l'écoutent une parfaite indépendance. Le premier fe multiplie furtout parmi les efprits groffiers & les ames foibles. Pour admettre le fecond, il ne faut fouvent qu'un efprit indocile, avec un cœur pervers. Enfin celui-ci furcharge les hommes de fcrupules, de devoirs gênans ; celui-là brife prefque tous les liens, & quoiqu'il fçache en forger d'une autre efpéce, pour s'affurer de fes captifs, c'eft toujours en prenant la liberté pour devife, qu'il les traîne à fa fuite, vaincus & fubjugués.

Que feroit-ce encore fi je defcendois dans

ces laboratoires où les Sages composent eux-mêmes l'encens dont leur amour propre est avide ? Si je les représentois dans ces Temples dont ils se sont faits les premieres Divinités, jouant tour à tour le rôle de Sacrificateurs & d'Idoles, & rendant à leurs voisins précisément la dose de fumée qu'ils en ont reçue ? Ce sont-là sans doute des traits caractéristiques du fanatisme qui les possède : mais aussi ce sont des vérités trop faciles à prouver. Il ne faut que jetter les yeux sur leur conduite dans tous les siécles pour s'en convaincre. Je passe à d'autres vérités non moins certaines, mais moins généralement reconnues, & qui par conséquent méritent d'être exposées avec plus de détail.

Le fanatisme religieux ensanglante la Terre. Il éleve à l'intolérance des monumens affreux. Il s'entoure de cadavres : c'est en buvant leur sang qu'il s'applaudit de sa victoire. Il seroit inutile de le nier. Cette vérité démontrée par l'expérience de tous les siécles, est une triste preuve de la foiblesse humaine. Le fanatisme philosophique, moins destructeur en apparence, est-il moins funeste en effet ? Parce qu'il est plus tranquille, faut-il croire qu'il soit moins nuisible ? L'un ébranle la Terre : il déshonore les maximes consolantes de la Religion, par les actions cruelles des enthousiastes : il égare quelquefois les hommes ; mais il leur donne la force de marcher. La vigueur qu'il nourrit dans les ames, peut les conduire au crime, mais elle les soutient sur le chemin de la vertu.

L'autre au contraire introduit dans le monde un calme perfide. Il n'entraîne peut-être pas nécessairement au vice ; mais il empêche nécessairement d'arriver à la vertu. Il n'égorge pas les hommes au nom de Dieu ; mais il les empoisonne, il les fait périr par l'abus du luxe. Ce n'est pas si l'on veut à des argumens Théologiques qu'il les immole ; c'est à des passions secrettes & honteuses. S'il ne se détruisoit pas lui-même à force de détruire, si ses progrès n'annéantissoient pas les Sciences dont il est né, si la favorable ignorance ne venoit ouvrir un asyle au monde, si par une attention secrette de la Providence, elle ne soutenoit autant la population d'un côté, que la Philosophie la détruit de l'autre, le genre humain périroit en peu de tems sous les yeux de ses Docteurs. Le moment où des Sectes orgueilleuses oseroient lui promettre des lumieres, seroit voisin de celui où la Terre manqueroit d'Habitans.

Ceci n'est point une de ces récriminations odieuses, dont l'atrocité diminue la force. On voit dans les siécles illustrés par la Philosophie,

losophie, la population diminuer, les Arts dégénérer, & la liberté, compagne ordinaire de la vertu, céder la place à la basse servitude, suivante inséparable du vice. Alors les hommes plus éclairés sur leurs devoirs, deviennent moins scrupuleux à les violer. Ils connoissent mieux le prix de la vertu : mais ils sentent mieux aussi l'utilité du vice & ses agrémens. La morale dispersée dans les Livres perd la force nécessaire pour diriger les actions. Des mains habiles mettent au jour les plus secrets liens de la Société. Elles pénétrent tout le jeu du corps politique : mais ce corps devient bientôt pareil aux squelettes, où les Anatomistes ne peuvent chercher les organes de la vie, qu'en les détruisant. Ses muscles, ses ressorts ainsi désassemblés, dépouillés des voiles favorables, qui en entretenoient la souplesse & l'union, n'offrent plus que l'image de la mort, avec un appareil de science aussi fastueux qu'inutile.

Alors on entend disserter avec grace sur le bonheur, & les oreilles ne sont frappées que des gémissemens des malheureux. Des Philosophes élégamment vêtus prodiguent les éloges aux lumieres de leur siécle, à la douceur de ses mœurs, & l'on ne rencontre hors de chez eux que la misere & le désespoir. Eux-mêmes les font naître par leurs exactions.

B

On voit des Sénéques ruiner par l'usure des Provinces entieres, en écrivant des Traités sur la bienfaisance, & composer des Livres contre le luxe, sur des tables d'un bois plus précieux que l'or.

Bientôt le despotisme, enhardi par la lâcheté commune, s'éleve appuyé sur des Traités Philosophiques. Il y puise l'art trompeur de tout couvrir d'un vernis séduisant; il y apprend à mepriser les hommes, à les regarder comme des instrumens utiles, faits pour servir ses passions ou ses caprices. Les plaisirs & les Arts deviennent ses plus sûrs Satellites. Il multiplie les établissemens où des hommes voués à la louange, se consacrent à faire des Panégyriques. Il paye, il encourage leurs mensonges. Tel est l'effet de leurs travaux & de ses soins, que de leurs discours mis bout à bout, on pourroit conclure qu'il n'y a jamais eu dans le monde que des siecles de lumiere, que des Princes parfaits, que des Peuples fortunés, que de grands hommes en tout genre.

Mais tandis que ces lâches imposteurs s'étourdissent eux-mêmes par la vapeur d'un encens impur, le monstre redouble ses ravages. C'est précisément dans le tems où tout le monde parle des égards dûs à l'humanité, qu'on l'insulte avec moins de ménagement. Ce tableau est triste : mais on l'a déjà vû se reproduire plus d'une fois. On le reverra sans doute chez les Peuples qui nous succéderont, comme il a paru chez ceux qui nous ont précédés.

Partout pays la paix, la liberté & la vertu suivent l'ignorance soutenue par la pauvreté & l'amour d'un travail grossier. Elles fuyent d'un Empire à mesure qu'il s'y trouve plus de gens assez opulens pour s'attribuer le droit de ne rien faire, & assez désoccupés pour chercher à s'instruire. Alors des richesses vient le luxe, de l'oisiveté les Sciences. Du luxe & des Sciences réunies naît la Philosophie, production funeste, qui se bornant d'abord à dégrader les Arts, passe bientôt jusqu'aux mœurs, qui énervant le Peuple, & corrompant les grands d'une Nation, y fait germer avec rapidité la bassesse, l'oubli des devoirs réciproques, & enfin le despotisme.

Je ne sçais pas bien précisément ce que c'est que l'homme & la société ; mais je sçais que pour que l'un soit heureux, pour que l'autre subsiste sans trouble, il faut sur la Terre beaucoup d'obéissance, & très-peu de raisonnement. Jamais l'un ne s'accroît qu'aux dépens de l'autre. Et qu'on ne dise pas qu'une soumission aveugle est le soutien du despotisme, & le tombeau de la liberté. Non : l'obéissance est la vertu des Républiques, ou des Etats qui ne sont pas encore corrompus. Elle vient de l'amour des Loix, du respect pour une Puissance légitime. Le Citoyen obéit sans raisonner. Son cœur & son bras sont toujours d'accord. Mais le Philosophe raisonneur qui discute, qui pése les droits des Puissances, qui disserte sur les vertus & les vices, est trop lâche pour sçavoir obéir. Son cœur flétri par ses prétendues lumieres, n'est accessible qu'à la peur. Désabusé sur ces mots de patrie, d'honneur, de devoir, accoutumé à les disséquer, à en examiner les rapports, il n'en connoît plus ni la force, ni la douceur. C'est un vil esclave qui céde à la crainte, prêt à se révolter dès que le maître aura tourné les yeux, & suspendu son fouet.

Quoi, dira-t-on, ces Philosophes hardis qui se permettent de tout examiner, dont la main puissante se joue des liens qui accablent les autres hommes, sont les pères du despotisme ! Ces défenseurs des droits de l'humanité en seroient les plus cruels destructeurs ? La servitude ennemie décidée des lumieres de toute espéce, seroit le fruit de ces recherches laborieuses, entreprises pour nous éclairer !

Cela n'est que trop vrai. L'excès du pouvoir arbitraire naît partout des études philosophiques. La soumission prompte & respectueuse de la liberté, n'existe dans sa force que chez les Nations ignorantes. Elle s'affoiblit, quand ces Nations cédant à une curiosité déplorable, appellent dans leur sein les Arts, & tout leur dangereux cortége. Elle s'y annéantit enfin, quand les Arts, les Sciences portées à leur dernier période, dégénérent en Philosophie.

Les Sciences elles-mêmes éprouvent alors le sort de la vipére, qui se voit dévorée par ses enfans. Elles sont étouffées par cette branche dangereuse qu'elles ont produite. L'esprit du calcul infecte tous les esprits. Il éteint cette hardiesse, ce délire du génie, qui est à la vérité une preuve de corruption, mais qui crée, ce qu'on appelle les grands Artistes chez les Peuples à demi-corrompus. On analyse les vertus : on toise les pensées : on a des Algébristes, des Géometres, des Physiciens : mais on n'a plus d'Orateurs, plus de Poëtes, & surtout plus de Citoyens. Après s'être quelque tems livré à cette froideur mathématique qui engourdit tous les membres d'un Etat, on arrive enfin en raisonnant à la barbarie. Celle-ci, comme un nouveau déluge, inonde les champs malheureux où germoient auparavant la Philosophie & les vices. Elle les dispose à reproduire un jour, sous une autre génération, l'ignorance & les vertus.

Telle est la marche invariable des hommes depuis qu'ils existent, successivement barbares & corrompus, ne pratiquant la sagesse que quand ils en ignorent les régles, & négligeant leurs devoirs, dès qu'ils sçavent les définir. Aucun tems, aucun pays n'a été exempt de ces funestes influences de la Philosophie. Elle, l'anéantissement des Arts, celui des mœurs & le despotisme, ont toujours marché du même pas. Les plus absolus, les plus vicieux des Caliphes, furent ceux qui firent dresser des tables astronomiques. Le goût des Sciences dégénéra chez les Sarrasins, dès qu'ils eurent traduit la morale d'Aristote. Jamais il n'y eut plus d'obéissance, plus de liberté, & moins de Philosophie que dans Rome, aux premiers siécles de la République. Les Factions, les Guerres civiles, s'y introduisirent avec la politesse, & jamais il n'y eut une lâcheté plus séditieuse, une oppression plus tyrannique, un goût plus dépravé que dans cette même Rome, quand elle eut dans son sein des Ecoles de Philosophie, quand elle fut gouvernée par des Empereurs éleves ou amis des Philosophes.

Les Princes ont cependant quelquefois la

foiblesse de croire que l'éducation de leurs enfans ne sçauroit être mieux que dans les mains des Sages. On en a vû chercher à grands frais des Instituteurs célébres pour leurs héritiers. Les Annales Philosophiques n'ont pas laissé perdre la Lettre du Roi de Macédoine, au Chef du Lycée. Le Prince conquérant y paroit se féliciter, moins de ses victoires, que de pouvoir donner à son fils un Précepteur tel qu'Aristote. En effet, on est porté d'abord à admirer ce choix. Il semble que le genre humain soit trop heureux d'avoir à sa tête des Princes instruits par des gens accoutumés à étudier les foiblesses de l'humanité, & plus encore à se vanter de les guérir.

Quel dommage que cette idée flatteuse ne soit qu'une illusion ! Une expérience trop suivie, trop réiterée, démontre que ces éducations tant vantées ne produisent guère que des tyrans. Ce Philippe de Macédoine, si bon juge du mérite d'Aristote, éleve lui-même du Philosophe Epaminondas, étoit un usurpateur adonné aux excès les plus honteux, capable de tout sacrifier à l'ambition & à ses plaisirs, se jouant des sermens comme des hommes. On sçait quelles vertus rapporta Alexandre des Leçons d'un Maître, soupçonné d'avoir contribué à sa mort. Platon conduit avec pompe en Sicile, pour former les mœurs du jeune Denys, ne réussit qu'à en faire un composé de lâcheté & de molesse, trop heureux d'aller à son tour enseigner pour vivre ces connoissances qui lui avoient coûté son Trône & sa vertu.

Chez les Romains le barbare Silla, l'usurpateur César, Auguste pendant vingt ans le plus cruel fléau qui ait jamais affligé la Terre, étoient en liaison avec tous les Philosophes de leur tems. Tibere étoit Rhéteur, Astronome, Grammairien. Il avoit passé la moitié de sa vie dans les Ecoles, & de toutes les Sciences qu'un délire orgueilleux comprend sous le nom d'*Amour de la sagesse*, aucune ne lui étoit inconnue. Personne n'ignore entre quelles mains Néron avoit passé sa jeunesse. Seneque, usurier & Philosophe, fit exprès pour lui un Traité de la clémence. Il l'adressa à ce Prince, qui n'en fit pas plus de cas que Seneque lui-même n'en faisoit de ses autres maximes.

On sçait dans quels excès se plongea Commode, Fils d'un Empereur Philosophe, instruit par des Philosophes choisis dans tout l'Empire. Un autre de ces monstres à figure humaine, qui déshonorerent si souvent le Trône des Césars, Caracalla étoit fils d'une femme Philosophe. Julie sa mère recevoit à fa Cour les Aftronomes & les Géometres. C'étoit-elle qui vouloit nommer tous les Profeffeurs de Rome. On fit en fon honneur l'Hiftoire des Femmes Philofophes, & le fruit de tant de beaux Livres, de tant de fages maximes, fut que Caracalla voulut plufieurs fois affaffiner fon Père, qu'il égorgea fon Frère de fa main, dans les bras de fa Mère, qu'il furpaffa les folies de Caligula & la cruauté de Néron.

On ne manqueroit pas de pareils exemples dans des tems plus modernes. Partout on verroit la fureur naître fur le trône des leçons de la fageffe, & le mépris des vertus, ou de la vie des hommes, s'introduire dans les cœurs avec les plus brillantes fentences de vertu & d'humanité. Que les Philofophes nous rendent donc raifon de cet effet étrange. Qu'ils nous apprennent comment avec de fi beaux préceptes, ils font de fi mauvais éleves. Qu'ils nous difent pourquoi la vertu s'éclipfe des Cours dès qu'ils y paroiffent, pourquoi les plus violens oppreffeurs des hommes font fortis de ces Ecoles, où l'on n'enfeigne en apparence qu'à chérir l'humanité?

Au contraire, du petit nombre de bons Princes, dont l'Hiftoire a conferve le fouvenir, il n'y en a pas un qui n'ait dû fon éducation à des maîtres obfcurs, capables de montrer à pratiquer la vertu, précisément parce qu'ils ne sçavoient pas en parler. Trajan, Antonin, Charlemagne, Louis XII, Henri IV, avoient eu pour Précepteurs des ignorans. Ils étoient ignorans eux-mêmes. Leurs cœurs n'étoient point embarrassés de ce vain attirail de préceptes, de connoissances futiles : ils en étoient plus accessibles à la bonté, à la compassion, à la tendresse pour les hommes. Ils chérissoient leurs Sujets : ils en étoient les délices & l'admiration. Parmi les Princes Philosophes, combien en trouvera-t-on qui n'en ayent pas été le scandale ou le fléau ?

Que sert donc la Philosophie aux Maîtres du monde, si elle n'est propre qu'à les corrompre, ou si du moins elle est absolument impuissante à réformer leurs penchans ? Je ne reviens point de ma surprise, quand j'entends les Sages attribuer au zéle indiscret de la Religion, presque tous les crimes qui désolent si souvent la Terre. Sans doute la voix des Prêtres a quelquefois commandé des forfaits. Leur main en a peut-être quelquefois exécutés. Mais enfin je ne vois point de Prêtres dans ces Cours, si longtems infectées par la Philosophie. Ce ne fut point le grand Sacrificateur de Cybele qui s'offrit à Néron, pour composer l'apologie du meurtre d'Agrippine. Ce fut Seneque qui se chargea de le justifier, après l'avoir conseillé. Quoiqu'on en dise, si les Instituteurs Sacrés ont fait quelquefois de leurs Eleves des enthousiastes crédules, les Instituteurs Philosophes n'ont guère fait de leurs disciples que des barbares voluptueux.

Un homme éloquent a déjà développé le germe de toutes les vérités que j'ose découvrir ici. Mais il s'étoit appliqué à démontrer le danger des Sciences par des raisonnemens, plus que par des faits. Soit ménagement pour les Sociétés où il vivoit, soit égard pour le Corps auquel il destinoit son Ouvrage, il s'en faut bien qu'il ait poussé ses conséquences aussi loin qu'il le pouvoit faire. Il a pourtant réduit ses adversaires au silence. Il est sorti victorieux d'une querelle où il n'a pas daigné se servir de tous ses avantages. Une des plus foibles objections qu'on lui ait opposées, c'est la grossiéreté, les vices odieux de quelques Peuples ignorans. On en a fait grand bruit, parce qu'il n'a pas voulu s'amuser à la détruire. Mais où sont ces vices? Quelle est cette grossiéreté que nous reprochons à mille Peuples respectables ? A quoi se réduisent tous les noms ignominieux que nous leur prodiguons ? Ils signifient simplement que ces Peuples ne nous ressemblent pas.

C'est ainsi que les Romains, libres encore & vertueux, étoient nommés par la Grèce, déjà sçavante & corrompue. C'est ainsi que Rome, à son tour instruite & dépravée, crut marquer son mépris à des Nations assez heureuses pour ignorer ses sciences & ses vices.

Les Tartares, les Calmouks, les Bédouins sont des barbares, dit-on. Qu'est-ce à dire ? Ils n'ont ni Lunettes, ni Microscopes, ni Astronomes. Ils n'ont pas de Poëtes qui louent & déchirent pour de l'argent, point de Physiciens qui écrivent des In-folio sur les pattes des chenilles, point d'Anatomistes qui dissèquent les morts & tuent les vivans, surtout point de Philosophes qui flattent les Princes, & s'épuisent à rendre probables des systêmes ridicules. Ils sont doux, paisibles, hospitaliers. Mais ils sont voleurs; ils attaquent les Caravanes, ils vont au loin attendre les Voyageurs, & s'approprient leurs effets.

C'est-là sans doute une grande barbarie, surtout aux yeux de ceux qu'ils dépouillent. Je n'entreprends pas de la justifier : mais sans m'arrêter à des récits peut-être exagérés, j'examine leurs mœurs, leur façon de vivre. Chez les Peuples sçavans & policés, les hommes vertueux, en supposant qu'il y en eut, mourroient de faim, s'ils n'avoient pas d'argent, ou s'ils ne proſtituoient leurs talens pour en amaſſer. Chez ces mêmes Peuples, fameux par les Arts & par l'opulence, l'unique eſpérance des trois quarts de la Nation, eſt de périr ſur un fumier, aux premieres maladies cauſées par l'excès du travail & de la miſere. L'indigent s'y nourrit d'un pain qui n'eſt guére arroſé que de ſes larmes, & le riche à qui il a ſacrifié ſa vie, lui diſpute ſouvent juſqu'à la paille ſur laquelle il va mourir. Eſt-ce dans les déſerts de la Crimée qu'on retrouve de pareilles horreurs ? Comment ſe fait-il que chez ces prétendus Barbares il n'y ait ni Pauvres, ni Hôpitaux, ni Infirmes ? Au milieu de leur ſtupidité, ils ont donc un ſecret qui échappe à notre politeſſe, celui de vivre heureux, libres & ſains.

Quand aux ravages qu'ils exercent, comment oſe-t-on les leur reprocher, quand on comble d'éloges tant d'hommes polis pour les avoir imités, & peut-être ſurpaſſés ? L'Hiſtoire ne reproche aux Tamerlans, aux Mahomets, qu'un ſeul vice, la cruauté. Ils vouloient être conquérans : ils détruiſoient la moitié d'une Nation, pour ſubjuguer l'autre. Mais qu'on me trouve un ſeul guerrier Sçavant ou Philoſophe, à qui on n'ait que ce reproche à faire. Alexandre, le Diſciple d'un

Philosophe, aimoit Ephestion, comme le Philosophe Socrate aimoit Alcibiade. Le plus beau trait de son Histoire, sa continence à l'égard de la Femme & des Filles de l'infortuné Darius, est peut-être le monument le plus assuré de sa honteuse dépravation. D'ailleurs il souilloit sa table du sang de ses amis. L'yvresse ou le poison en lui ôtant la vie à la fleur de son âge, ne firent sans doute que prévenir de plus grands excès & de plus grands crimes. César, ce Guerrier invincible, cet Orateur sublime, ce Philosophe éclairé, étoit le mari de toutes les femmes, & la femme de tous les maris. Si des taches énormes paroissent ainsi sur la vie de ces fameux meurtriers, à travers les éloges que leur ont prodigué tant de Poëtes, d'Historiens, de Philosophes, c'est-à-dire tant de bas flatteurs, combien ce vernis trompeur nous en a-t-il caché ? Les trouverions-nous bien supérieurs aux Attila, aux Gensérics, si nous pouvions les voir tels qu'ils étoient ?

Les Huns, les Gots, se précipitoient avec fureur dans les batailles. Ils massacroient sans pitié leurs ennemis vaincus. Ils répandoient la flamme dans les Villes dont ils avoient détruit les Habitans. Mais que font donc chez les Peuples policés ces Armées levées par des Ministres Philosophes, conduites par des

Officiers, qui au moins lisent les Livres de Philosophie, & quelquefois les composent? La guerre est-elle moins cruelle, les batailles sont-elles moins sanglantes? On a vû de nos jours des Anglois faire panser des François blessés, leur prêter de l'argent. A la bonne heure: mais qui est-ce qui les avoit blessés ces François? Pour les sécourir il falloit les dégager d'entre les tas de leurs camarades expirans dans les plus affreuses douleurs. Cest-là, c'est sur ces champs de batailles fumans de sang, qu'il faut conduire ceux qui vantent si fièrement les progrès de l'humanité. Quelle humanité qui ne se produit qu'en foulant aux pieds cent mille cadavres égorgés par elle!

Mais nous gémissons sur ces lauriers arrosés de sang humain. Nous condamnons les cruautés de nos contemporains, comme celles de nos ancêtres. Vous les condamnez, dites-vous? Eh bien, voyez donc de quels titres & de quelles correspondances s'honorent ceux qui les commettent! En vérité j'ai bien peur que tout consideré on ne trouve entre les siécles policés & les tems barbares d'autre différence à l'avantage des premiers, que les Académies. Or je le demande, est-ce la peine d'en parler?

Dans les jours dignorance la population

n'a point d'autre ennemi que la guerre. Mais dans les siécles éclairés le luxe s'y joint, & produit bien d'autres ravages. C'est le plus impitoyable de tous les fléaux qui détruisent les hommes. On voit les Nations entieres se fondre à son approche. Pareil à ces Sirenes, qui par la douceur de leur chant, attiroient les Voyageurs contre des écueils où ils trouvoient la mort, il se sert de l'attrait des plaisirs pour entasser les hommes dans les Villes, où il les dévore à son aise. Les déserts se multiplient autour de tous les lieux où il se fixe. Mais tandis qu'il exerce ses ravages dans l'intérieur d'un Etat, les guerres ne s'en soutenant pas moins au dehors, il est clair que ces prétendus tems de lumieres ont deux fléaux à soutenir. Pour parler en termes Philosophiques, si l'ignorance fait une plaie à l'humanité, les Sciences lui en font deux. Or la seconde, le luxe, est sans contredit plus terrible que la premiere. Elle porte avec elle une corruption pour qui la politique ni la raison n'ont point de reméde. C'est une gangrene qui nécessite la dissolution d'un corps dès qu'elle s'y est attachée.

Je sçais bien que de très-Sçavans hommes ont fait l'apologie de ce monstre, digne d'avoir des Philosophes pour Panégyristes Je ne sçais s'ils ont convaincu beaucoup de personnes.

sonnes. Mais je ne voudrois que leurs propres Ouvrages, pour les réfuter. Suivant eux le luxe est estimable, parce que consumant les richesses de ceux qui ont tout, il donne à vivre à ceux qui n'ont rien. Ils approuvent que la subsistance des uns dépende du goût qu'ont les autres pour les superfluités, & regardant les plaisirs dont le riche se gorge, comme une aumône qu'il fait aux Pauvres, ils lui permettent, ils lui commandent de se livrer à tous ses caprices, pourvû qu'il soit en état de les payer.

Il y auroit bien des choses à dire sur cet étrange raisonnement : mais je ne cherche ici que l'affinité qui se trouve entre le luxe & la Philosophie. Ce seroit perdre du tems que de s'amuser à prouver que le premier est la peste de la population : je ne veux que faire voir qu'il marche toujours avec la seconde. On ne se livre au luxe que parce qu'on est riche. On ne devient Philosophe, que parce qu'on a commencé par être riche & oisif. Or ces deux causes, la richesse & l'oisiveté n'allant jamais l'une sans l'autre, il est bien naturel que leurs effets ne soient pas séparés.

C'est aussi ce qu'on peut remarquer. Ouvrez l'Histoire : cherchez un Peuple riche qui n'ait point eu de Philosophe : trouvez un

C

Peuple pauvre qui en ait eu. Examinez si ce germe empoisonné a pris racine dans les climats à qui la nature a refusé les métaux qui nourrissent le luxe, tant qu'ils ont sçu se défendre de les recevoir. La Philosophie naît sur les bords du Gange au milieu de l'or & des diamans, qu'une malheureuse fécondité produit dans l'Inde. Elle s'y attache, elle y vegette encore aujourd'hui avec ces tristes soutiens d'un despotisme opulent : mais voyez-la s'exiler elle-même de Sparte, & suivre l'or que Lycurgue en chassoit. Voyez-la se répandre dans Athenes avec le goût du commerce, & devenir bientôt un effet commerçable dans cette Ville trafiquante. L'orgueil & l'avidité y jettent les fondemens du Lycée, du Portique, des Académies. Ces lieux encore célébres deviennent des Foires où se débitent à grand prix des poisons rafinés. Ils se remplissent de Marchands jaloux qui décrient les drogues de leurs Confrères, pour assurer leur propre débit.

C'est-là que les Romains viennent puiser le goût du faste, & l'oubli de la vertu. C'est-là que se forgent les fers que porteront bientôt les vainqueurs du monde. C'est-là aussi que viendront s'abîmer les Nations nombreuses qui couvroient auparavant l'Italie. Cette Contrée si longtems fertilisée par des mains ignorantes deviendra stérile dès qu'un de ses Citoyens connoîtra le nom d'Archimède. Dès qu'Agrippa l'aura décorée de Portiques, & d'un Temple sur le modele du Panthéon, dès qu'on y lira avec délices ou le Poëme de Lucrece, ou les Ouvrages de Cicéron, elle attendra en tremblant que les vents lui apportent d'Egypte ou d'Afrique une subsistance que les mains délicates de ses Habitans ne pourront plus lui fournir.

Il y a plus. Ses campagnes seront couvertes de sang; on n'y marchera plus que sur des cadavres: ses Villages détruits, ses Villes embrasées, donneront à l'univers le signal de la plus terrible révolution, & ces meurtres, ces incendies, seront commandés par des esprits élégans qui auront étudié longtems la Philosophie dans Athenes, & sçauront ordonner des Fêtes avec magnificence.

Si le luxe qui détruit, si la cruauté qui prodigue la vie des hommes à ses plaisirs ne sont pas les compagnons inséparables de la Philosophie qui raisonne, pourquoi est-ce du tems des Socrates & des Anaxagores, qu'on est contraint d'admettre dans Athenes les bâtards au rang des Citoyens, pour repeupler la Ville devenue déserte? Pourquoi est-ce tandis que Cicéron écrivoit ses Tusculanes que le sang Romain versé par des mains Romaines, inondoit l'Italie ? Pourquoi Silla, César, sont-ils contemporains des Varrons, des Columelles, qui déplorent le vuide des Campagnes ? Pourquoi à Londres & à Paris écrit-on tant de beaux Livres sur la population, sur l'Agriculture, dans ce beau siécle, où l'on prétend que le soleil de la Philosophie s'est levé pour nous ? On ne demande à manger que quand on a faim. Dès qu'on veut dans un Royaume enseigner à le peupler, c'est un signe infaillible qu'il se dépeuple. Mais est-ce chez des Peuples pauvres & dans des siécles d'ignorance, qu'on a besoin de pareils secrets, & qu'on les publie ?

Le fanatisme Philosophique n'est pas seulement destructeur : il est encore lâche & timide. Il ne se contente pas d'opprimer, de faire périr les hommes, il les dégrade. En leur donnant une audace coupable, il y joint une lâcheté avilissante, & toutes deux par un mêlange qui ne se voit point ailleurs, contribuent également à avilir les cœurs où elles se sont établies. Les Sages déclament contre ceux qui prétendent leur annoncer la vérité. Ils publient qu'eux seuls en ont le secret : mais ils ont la bassesse de la déguiser. Un enthousiaste prêche avec une noble hardiesse ce qu'il croit vrai. Il ne cache ni son culte, ni les dogmes. Il brave les tourmens & les bourreaux, quand il s'agit de soutenir sa créance. Mais le Philosophe ménage avec soin ses expressions. Amoureux tout à la fois de son bien être & de ses opinions, il ne découvre les unes qu'autant qu'il le faut pour les répandre, sans exposer l'autre. Vil hypocrite, il se met à genoux dans les Temples du Dieu qu'il apprend à mépriser. Traître dangereux, il se presse autour des enseignes du parti qu'il brûle de combattre.

Il se vante même de ce lâche subterfuge. Consignant à la postérité sa honte & son déshonneur, il publie la découverte de cette *doctrine intérieure*, qui consiste à parler autrement qu'on ne pense, à agir autrement qu'on ne parle. Il enveloppe ses sentimens sous des expressions obscures. Ses discours deviennent une perpétuelle allégorie, dont il fait sous main courir la clef. En parlant la langue du Peuple, il tient un langage tout différent, & faisant de la parole un abus qu'on ne peut pardonner qu'aux esclaves de la fortune, il expose à la fois à l'erreur, & le vulgaire qui selon lui ne doit pas le comprendre, & les Sages qui souvent ne le peuvent pas.

Les seuls objets que les Philosophes traitent sans déguisement, & où l'obscurité seroit pourtant sans scandale & sans conséquence, ce sont les Arts où éclatte l'industrie humaine, & surtout l'éloquence de ceux qui en parlent. C'est-là qu'ils abusent avec excès de la science des mots. Raisons, raisonnemens, intrigues, injures, ils employent tout pour faire valoir ces découvertes dont quelques-unes peuvent être utiles, mais dont le grand nombre n'est qu'une pure charlatanerie. Combien de volumes ennuyeux, de reproches grossiers, ont occasionné ces tourbillons absurdes où s'est égaré Descartes, ce vuide immense où s'est perdu Newton, ces monades dont l'Auteur fût mort aux petites Maisons peut-être, si on lui eût rendu justice! Tous bâtissent sur un sable mouvant. Ces petits édifices croulent au premier choc les uns sur les autres, & disparoissent aux yeux de la postérité. Ce qu'ont pourtant de bon ces disputes, c'est que chaque inventeur de système aide à sentir le ridicule de celui qu'il soutient, par la facilité avec laquelle il pulvérise celui qu'il combat.

Il est des recherches d'un autre genre : ce sont celles qui traitent des ressources de la mécanique, qui s'occupent à dompter les élémens, & par le moyen desquelles l'homme paroît vraiment commander à la nature. Peut-être est-il douteux que ces machines ingénieuses puissent justifier tous les éloges qu'on leur donne. Si du moins elles adoucissoient le malheur de la plus nombreuse partie du genre humain, si en facilitant quelques travaux, elles diminuoient le nombre des professions laborieuses, on pourroit les louer de quelque utilité. Mais le luxe a toujours plus de besoins qu'on ne peut trouver de moyens pour le satisfaire. Son avidité multiplie les travaux pénibles à mesure que l'industrie les abrége. Comme il en dévore à chaque instant les fruits, qu'à chaque instant il en demande de nouveaux, que sa faim s'augmente à mesure qu'il consomme, c'est lui seul qui gagne à ces inventions.

Le vent, l'eau font tourner nos moulins. Ce n'est plus de la farine que nous demandons à nos esclaves. Mais il faut qu'ils nous fournissent du sucre. Notre gourmandise les attache à des machines périlleuses qui leur coûtent souvent les membres, & quelquefois la vie. Qu'a gagné l'humanité à la suppression des moulins à bras?

On a imaginé l'art de multiplier tout d'un coup les copies d'un Livre, de répandre fans frais les Satyres ameres, les Panégyriques ridicules, les systêmes extravagans: mais les Presses & le nombre des Lecteurs se sont multipliés dans la même proportion. L'impression fatigue aujourd'hui plus de mains que les copies n'en occupoient autrefois. On peut en dire autant de beaucoup d'autres machines dont la description & les éloges tiennent une grande place dans les Livres, & qui ont fait très-peu de bien au monde.

D'ailleurs quand ces découvertes mériteroient tout le bien qu'on en dit, est-ce à la Philosophie qu'on les doit ? Ces lunettes qui flattent l'orgueil d'un Astronome, & trompent peut-être ses yeux, ces microscopes où l'imagination d'un naturaliste apperçoit tant de merveilles, cette pompe à feu dont les siécles à venir feront plus d'usage que nous, où la pesanteur de l'air & la dilation de l'eau combinée soulevent des fardeaux énormes, sont-ce des hommes éclairés qui les ont trouvées ? Non. Un Ecrivain célébre l'a dit, si je ne me trompe : les ignorans inventent, & les Sçavans raisonnent.

La seule, l'unique découverte que l'univers ait reçue des Philosophes, c'est cette composition meurtriere qui renverse les murailles, qui embrase les Villes, & qui surpassant la violence de la foudre, a remis dans les mains du crime les armes destinées par la divinité à faire briller sa grandeur. Ce sont vraiment des mains sçavantes qui ont calculé la portée des mines & fondu les mortiers. Quelle espéce d'obligation ont donc les hommes à la Philosophie ? Elle ne leur parle de la morale que pour la leur faire oublier ! Elle ne fournit à leur curiosité que des amusemens frivoles. Elle ne présente à la médecine que des remédes très-impuissans pour les guérir, & elle donne au génie les secrets les plus terribles, les plus sûrs pour les anéantir. Si chaque forfait commis, chaque système commenté, chaque malade empoisonné dans un pays policé, sont des preuves de l'inutilité des Sciences, chaque coup de canon qu'on y tire, n'en est-il pas une de leur danger ?

Concluons de tout ce que j'ai dit, qu'il n'est jamais utile d'éclairer les hommes, & qu'il est toujours dangereux de les éclairer trop. Fixons le jugement qu'on doit porter de la Philosophie. Son nom signifie amour de la sagesse. Elle s'en pare avec fierté, comme on charge les armoiries de symboles, qui n'ont aucun rapport avec les actions de ceux qui les portent. Très-souvent un lâche fait peindre un lion dans son écusson. Plus souvent encore ces prétendus amateurs de la sagesse se livrent à toutes les folies dont les passions excessives rendent les hommes capables. Un orgueil fanatique préside à leurs travaux, & les dirige. Ils se picquent d'un attachement invincible pour leurs opinions. Ils n'oublient rien de ce qui peut contribuer à les répandre. Ils éclattent avec emportement contre tous ceux qui osent les combattre.

Insensibles au ridicule dont ils se couvrent, ils multiplient les Panégyriques, & pour les Princes aveugles qui veulent bien les payer, & pour les hommes illustrés déjà par l'abus des talens, dont ils se flattent d'être un jour ou les imitateurs ou les rivaux. Ils vendent cher au genre humain le peu de connoissances réelles qu'ils lui procurent. En travaillant à le polir, ils le détruisent ; comme ces Sculpteurs mal-habiles qui sous prétexte d'ébaucher une figure, réduisent à rien un bloc de marbre.

Voilà les réfléxions qu'à fait naître dans mon esprit le nom de Philosophie que notre siécle a si fort accrédité. Je les ai développées avec franchise. J'ai parlé sans enthousiasme, comme sans préjugé. En citant des exemples odieux, je n'ai point donné la préférence aux plus modernes. Ce n'est pas assurément par l'impossibilité d'en trouver. Tout Lecteur sensé verra bien que je n'aurois été embarrassé que sur le choix. Mais en disant des choses vraies, je n'ai pas voulu qu'on pût me soupçonner d'avoir cherché à faire une satyre.

J'espere qu'on me sçaura gré de n'avoir écrit que trente pages sur un sujet qui pouvoit fournir de gros volumes. J'aurois pû faire une histoire critique de la Philosophie, qui auroit mérité ce titre, mieux que la fade & ennuyeuse compilation de Deslandes. Mais il y a des occasions où il n'est pas nécessaire de dire tout ce qu'on sçait, ni de faire tout ce qu'on peut. Quelqu'impression que produise ce discours dans le Public, je la verrai sans intérêt. Les éloges ni les satyres ne feront pas changer le jugement que j'en ai porté moi-même. S'il m'attire des réponses injurieuses, des railleries améres, ces railleries & ces injures feront des preuves manifestes des vérités qu'il contient.

F I N.

*Catalogue de quelques Livres nouveaux qui se trouvent chez le même Libraire.*

DICTIONNAIRE Géographique, Historique & Critique des Gaules, par l'Abbé Expilly, 6 Volumes In-folio.

Collection de Jurisprudence, par Denisarts, 3 Vol. In-quarto.

Mémoire sur un objet intéressant pour la Province de Picardie, avec un Parallele du commerce, & de l'activité des François & des Hollandois, In-octavo.

Troisiéme Lettre par l'Auteur dudit Mémoire : on y examine comment & jusqu'à quel point la marée agit sur les Rivieres, on y donne une méthode nouvelle pour les excavations considérables, In-octavo, sous Presse.

Dictionnaire portatif, comprenant la Géographie & l'Histoire Universelle, la Chronologie, la Mythologie, l'Astronomie, la Physique, l'Histoire Naturelle & toutes ses parties, la Chymie, l'Anatomie, Lydrographie & la Marine, 8 Vol. In-octavo, 24 livres.

Sermons nouveaux, par M. Collet, 2 Vol. In-douze.

Journal des Campagnes du Roi en 1745, 1746, 1747, &c. In-douze.

Nouvelle Ordonnance pour l'Exercice de l'Infanterie, In-dix-huit, sous Presse.

www.ingramcontent.com/pod-product-compliance
Lightning Source LLC
Chambersburg PA
CBHW070714050426
42451CB00008B/640